THE HISTORY 세계사 인물 11

공자

THE HISTORY 세계사 인물 11
공 자

펴낸날 2025년 4월 23일 1판 1쇄

펴낸이 강진균

글 김영자

그림 유학영

편집·디자인 편집부

마케팅 영업부

제작 강현배

펴낸곳 삼성당

주소 서울시 강남구 선릉로 747 삼성당빌딩 9층

대표 전화 (02)3443-2681 **팩스** (02)3443-2683

출판등록 1968년 10월 1일 제2-187호

ISBN 978-89-14-02191-5 (73990)

본 지적물은 저작권법에 따라 보호를 받는 책이므로 무단 전재와 무단 복제를 금합니다.
※ 파본은 바꾸어 드립니다.

THE HISTORY 세계사 인물 11

공자

차례

임금님의 선물 ························ 11

공자의 교육 방법 ···················· 36

제나라에서 얻은 교훈 ··············· 56

고국을 떠나다 ······················· 78

외로운 나날 …………………………………… 104

공자의 생애 …………………………………… 122

공자 …………………………………………… 123

임금님의 선물

공자는 중국 노나라의 수도인 곡부 근처에 있는 추라는 작은 마을에서 태어났다.

지금으로부터 2천 5백여 년 전인 기원전 552년이었다.

당시 중국은 여러 나라로 나누어져 세력 다툼을 하고 있었다. 동서남북으로 한 귀퉁이씩 차지하고 있는 나라 중에 노나라는 중국 대륙의 동쪽에 자리 잡고 있었다.

공자가 태어났을 때 아버지 숙량흘은 일흔 살이 넘은 노인이었다. 그러나 군인 출신이었던 아버지는 풍채가 좋고

건강했다.

한편, 어머니 안징재는 아버지 숙량흘에 비해 훨씬 손아래인 열여덟 살의 시골 여자였다.

"우리 아기 머리 좀 보세요. 혹처럼 볼록 튀어나왔어요."

어머니는 눈에 띄게 두드러진 부분을 가리켰다.

"허허, 언덕처럼 생겼는걸. 생긴 것처럼 이름을 '구'라고 지어야겠군."

아버지는 아기의 이름을 '구'라고 지었다.

'구'는 언덕이란 뜻으로 성이 공 씨이기 때문에 이름이 공구가 되었다.

훗날, 사람들이 공구를 공자라고 불렀는데 이것은 '공씨 성을 가진 선생님'이란 뜻이다.

공자의 어머니는 아버지 숙량흘과 정식으로 결혼한 사이가 아니었다. 그래서 언제나 괄시를 받고 살아야 했다.

공자의 아버지는 본부인에게서 9명의 딸을 낳았고, 두 번째 부인에게는 아들이 하나 있었다. 그러니까 누나 아홉과 형이 하나 있는 셈이었지만, 그들은 공자를 무시하고 상대하지 않았다.

공자가 세 살 되던 해, 아버지가 돌아가시자 어머니와 단둘이 살게 되었다. 스물한 살의 젊은 어머니는 외롭고 가난했지만 어린 아들을 잘 가르치기 위해 온 정성을 기울였다.

공자의 나이 여덟 살 때였다.

"오늘이 너의 아버지 제삿날이구나."

어느 날, 어머니가 쓸쓸한 얼굴로 공자에게 말했다.

"그러면 우리도 제사를 지내러 가야지요."

공자는 이웃집에서 제삿날이면 친척들이 그 집에 모여 제사를 지내는 것을 구경한 적이 있었다.

"큰댁에서 너와 나를 부르지 않으니 어찌 가겠느냐!"

어머니는 힘없이 머리를 저었다.

공자가 서자이기 때문에 제사에도 참석할 수가 없었다.

"그러면 아버지 산소에 가서 우리끼리 제사를 지낼까요?"

공자는 자기도 아들이니 아버지께 제사를 드리는 것은 당연하다고 생각하고 있었다.

"하지만 너의 아버지 산소가 어디에 있는지 알 수가 없구나.”

 어머니의 목소리는 슬픔에 잠겨 있었다. 하루는 어머니가 친척들을 찾아가 공자 아버지의 산소가 어디에 있는지 물었다.

 “애 아버지의 산소가 어디에 있는지 가르쳐 주세요. 제발 부탁드립니다!”

"몰라."

"나도 몰라."

친척들의 대답은 싸늘하기만 했다. 공자는 할 수 없이 이웃 사람들이 제사 지내는 것을 보고 와서는 제단을 만들고 향불도 피우며 흉내를 냈다.

"아버지! 많이 드시고 가세요."

어머니는 아들에게 각종 예의범절과 의식 절차를 가르치려 노력했다. 이러한 것들은 사회 질서를 위해서 필요하기 때문에 반드시 지켜야 한다는 것도 알려 주었다.

그러나 공자가 열세 살이 되자 어머니는 자신의 지식만으로는 아들을 가르치기에 부족하다는 것을 깨달았다.

"구야, 이제부터는 마을에 있는 서당에 다니도록 하여라."

"네, 어머니. 서당에 가서 열심히 배우겠습니다."

공자는 기쁜 마음으로 서당에 들어갔다.

당시 서당에서는 시와 서, 예, 악의 네 가지 공부를 가르쳤다.

'시'는 주나라 왕실에서 부르던 노래였다. 그때의 시는 우리나라에서 시조를 읊듯이 불렀다.

그리고 시를 노래로 부른 것이 '악'이었다. 그래서 시와 악은 떼려야 뗄 수 없는 밀접한 관계이기도 했다.

'서'는 주나라 왕실의 문왕, 무왕, 주공과 같은 역대 훌륭한 임금들의 업적을 배우는 것이다.

'예'는 일상생활에서 필요한 모든 행동에 대한 예절을 가르치는 것이다. 그 시대는 예절을 매우 중요하게 여기던 때였다.

그러나 공자가 다니던 시골의 서당에는 이러한 것을 제대로 가르칠 만한 스승이 없었다. 단지 제사 지내는 법과 여러 가지 예의범절에 대한 것을 가르치는 게 고작이었다.

그밖에 옛 성인*들의 이야기를 들려주는 정도였다.

성인

이상적인 인격을 갖춘 사람 또는 지와 덕이 뛰어나 어느 시대에나 항상 존경과 숭상을 받는 사람. 유교에서는 중국의 요, 순, 우 임금 등을 가리켰다. 공자는 제자들에 의해 최고의 덕을 지닌 사람으로 성인이라 불렸다.

최고의 성인으로 숭배되어 행해지는 공자 제례

'많은 것을 가르쳐 주는 스승이 계셨으면 좋겠는데…….'

공자는 시골 서당에 있는 스승의 가르침으로는 마음에 차지 않았다.

한 번 들으면 잊어버리는 일이 없고, 한 가지를 배우면 열 가지를 깨우치던 공자는 언제나 같은 공부만 되풀이하는 서당에서는 더 이상 배울 것이 없다고 생각했다.

"어머니, 이제 서당에 그만 다녔으면 합니다."

공자는 조심스럽게 말했다.

"서당에 다니고 싶지 않다니, 왜 서당이 싫어진 게냐?"

어머니는 혹시 공자가 공부에 흥미를 잃어버렸나 하고 걱정스럽게 물었다.

"이곳 서당에서는 더 배울 것이 없어요. 좀 더 넓은 세상에 가서 훌륭한 스승님을 만나고 싶습니다."

어머니는 그제야 고개를 끄덕이며 공자의 의견을 물었다.

"그래, 더 넓은 곳이라면 어디를 말하는 것이냐?"

어머니는 아들의 총명함을 알고 있었다. 공부를 열심히 하고 착하게 자라 주는 것이 그저 고마웠다.

공자가 옮겨 간 노나라 수도 곡부의 고성비

"곡부로 가면 어떨까요? 곡부는 우리 노나라의 수도니까 사람들도 많고 훌륭한 스승님이 계실 것 같아요."

"그래, 네 말이 옳은 것 같구나. 너를 잘 가르칠 수 있는 곳이라면 어딘들 못 가겠느냐."

어머니는 선뜻 허락했다.

어머니도 전부터 아들을 위해서 큰 도시로 가야겠다는 생각을 하고 있던 참이었다.

"어머니, 고맙습니다. 하지만······."

"하지만 무엇이냐?"

"곡부는 낯선 곳이라 돈벌이도 어렵고 생활하기가 무척

힘이 들 텐데요."

"걱정하지 마라. 너의 공부를 위해서라면 어떤 어려움도 견뎌 낼 자신이 있단다."

그날로 어머니는 짐을 꾸렸다. 그리고 공자가 태어나서 자란 추라는 마을을 떠나 노나라의 수도 곡부로 이사를 했다.

이때 공자의 나이 열네 살이었다.

곡부에 도착한 공자는 모든 것이 새롭게 느껴졌다. 거대한 기와집들이 우뚝 솟아 있고, 거리에는 비단옷을 입은 사람들이 여유 있는 걸음으로 오고 갔다.

사람들은 마치 뜰에 핀 꽃처럼 화려했다. 그에 비해 공자와 어머니의 모습은 너무도 보잘것없이 초라했다.

공자는 어머니의 남루한 모습과 화려하게 치장한 도시 여인들의 차림새를 비교해 보았다.

'가난한 살림에 나만을 위해서 고생하시는 어머니……. 내가 공부를 마치고 훌륭한 사람이 되면 꼭 비단옷을 해 드려야지.'

"여기가 우리 집이란다. 허름해도 비바람은 피할 수 있을 게야. 이제 서당을 찾아가 보자꾸나."

어머니와 함께 찾아간 서당은 웅장하고 학생들도 많았다.

"그래, 서당에서 공부하고 싶다고?"

"네, 스승님."

공자는 서당의 스승님에게 인사를 하고 돌아왔다.

"어머니, 이제 마음껏 공부할 수 있을 것 같아요."

"그래, 거참 반가운 소리로구나. 구야, 훌륭한 스승 밑에서 공부를 게을리해서는 안 된다."

"전 공부하는 게 너무 재미있어요."

공자는 어머니를 안심시켰다.

공자는 무엇보다 음악에 맞추어 시를 공부하니 이해가 잘 되었다. 예절도 예관들이 손수 시범을 보이니 알기 쉬웠다.

공자는 설레는 가슴을 안고 열심히 공부했다. 워낙 똑똑한 데다가 남보다 몇 배 노력했기 때문에 실력이 몰라보게 늘었다.

동급생들 중에는 그를 따를 학생이 없었다.

서당의 근엄하던 스승들도 공자의 질문을 받으면 제대로 대답도 못 하고 쩔쩔매기 일쑤였다.

공자의 학문은 날로 늘어 높은 경지에 이르게 되었다.

학문에 정진하던 공자는 어느새 열아홉 살의 청년이 되었다.

"구야, 이제는 결혼해야 하지 않겠느냐?"

어머니는 혼인을 재촉했다.

"어머니, 저는 아직 공부하는 몸이고, 식구 한 사람이 더 늘면 끼니도 걱정일 텐데요."

공자는 걱정이 앞섰다.

"설마 밥이야 굶겠느냐? 말이 나온 김에 마땅한 규수가 있을 때 식을 올리자꾸나."

어머니는 이웃집 처녀가 마음에 쏙 들었다.

색싯감은 송나라 사람으로 노나라에 와서 살고 있는 변관의 딸이었다. 외모가 아름답고 행동이 얌전한 처녀였다.

어머니의 권유로 공자는 그 처녀를 만나게 되었다.

"우리 집 살림은 너무 가난해서 끼니 걱정을 할 형편이오. 나는 본래 돈벌이에는 관심이 없어서 앞으로도 부자가 되기는 힘들 것 같소. 그렇다고 밥이야 굶겠소만……."

공자는 사실대로 말했다.

색싯감은 대답 대신 조용히 웃음을 머금었다. 그래도 좋다는 뜻이었다. 아무리 가난해도 건강하고 인자해 보이는 신랑감이 믿음직스러웠다.

공자는 체격이 아주 좋았다. 노나라에서도 용감하기로 이름난 군인이었던 아버지 숙량흘을 닮았기 때문이다.

키가 커서 키다리라고 불렸으며 힘도 장사였다.

결혼한 다음 해에 공자는 시험에 합격하여 벼슬을 얻었다. 벼슬이라야 나라의 곡식 창고에서 곡식이 나가고 들어오는 것을 살피는 보잘것없는 벼슬이었다.

학식에 비해 탐탁잖은 직책이었지만 공자는 맡은 일에 최선을 다했다. 그런 일이라도 해야 가난을 면하고 또 틈틈이 공부도 할 수 있었기 때문이다.

"야, 저 키다리 좀 봐!"

곡식 창고의 회계를 담당하는 공자

 아이들이 공자가 지나가는 것을 보고 놀리면 동네 사람들은 이렇게 말했다.
 "그럼 못 써요. 얼마나 훌륭한 사람인데……. 저 사람처럼 너도 건강하고 학식이 높은 사람이 돼야 한다."
 공자에 대한 소문은 노나라 왕 소공의 귀에까지 들어갔다.
 "백성들로부터 칭찬이 자자한 젊은이가 있다면서? 그런 젊은이라면 장차 나라와 백성을 위해 큰 도움이 될 거야."
 소공은 공자라는 인물이 아주 궁금했다.
 "그런데 공자가 첫아들을 보았다고? 선물로 큰 잉어 한 마리를 보내거라."

"네, 알겠습니다."

신하들이 잉어를 들고 공자의 집을 찾았다.

"아직 풋내기이고 낮은 벼슬아치인 저에게 임금님께서 잉어를 보내시니 황공하오이다."

"이런 일은 당신이 처음이오."

이 일은 장안의 화제가 되어 만나는 사람마다 수군거렸다.

"자네, 잉어 얘기 알고 있나?"

"아, 공자가 임금으로부터 선물을 받았다지 뭔가?"

그거 모르는 사람이 있냐는 듯 사람들의 칭찬이 이어졌다.

"허 참, 그 창고지기가 출세했지……."

"그런 소리 말게. 공자가 어디 창고지기밖에 못 할 인물인가? 겸손하게 맡은 일

만 하고 있어서 그렇지……."

"하긴 그래. 공자의 벼슬이 높아서가 아니고 그의 학식과 사람됨을 듣고 내리신 선물이겠지."

이렇게 말하는 사람들이 있는가 하면 아예 공자를 자기 아들의 스승으로 모시겠다는 사람들도 늘어 갔다.

"공자에게 배울 수만 있다면 자식 교육은 걱정하지 않아도 되련만……."

"공자에게 자식을 한번 맡겨 봅시다."

"스승이 되어 달라고 부탁하면 들어 줄까요?"

이렇게 생각이 같은 사람들이 공자를 찾아왔다.

"제가 아는 것은 별로 없지만 저녁 시간이라면 틈을 낼 수 있습니다."

드디어 공자는 제자들을 맡아 가르치기로 했다.

낮에는 나랏일을 보고 밤이면 제자들에게 글을 가르쳤다. 이런 소문은 노나라 수도인 곡부에 널리 퍼졌다.

소문이 꼬리를 물고 퍼지자 곡부가 아닌 먼 곳에서도 글을 배우려는 제자들이 모여들었다.

제자에게 공부를 가르치는 틈틈이 공자는 자신을 위한 학문도 게을리하지 않았다.

공자는 학식과 덕행으로 이름이 점점 알려졌고 사람들의 사랑과 존경을 받게 되었다.

그러나 벼슬은 그대로였고 다만 새로운 일이 맡겨졌다. 새로 맡게 된 일이란 '사직'이라는 것이었다. 이 직책은 가축을 관리하는 것을 말한다.

"공자의 학문으로 보나 덕행으로 보나, 가축이나 다스리는 일은 어울리지 않아."

"그러게 말일세. 별로 좋은 지위가 아니라고 웬만한 사람이면 머리를 흔드는걸."

이런 소리가 귀에 들려도 공자는 마음을 쓰지 않았다.

'지위의 높고 낮음이나 급료의 많고 적음이 무슨 상관이냐. 내 맡은 일에 온 힘을 기울이면 될 것을……'

공자는 한눈팔지 않고 주위의 유혹에 말려들지 않았다. 그렇기 때문에 오히려 공자의 언행은 더 널리 알려졌다.

맡은 일에 충실한 관리라는 점과 함께 뛰어난 학식과 본

받을만한 행동들이 사람들로 하여금 공자에게 이끌리게 했다.

말 많고 남을 헐뜯기 좋아하는 혼탁한 세상에서 이토록 인정받기란 실로 어려운 일이었다.

그러나 공자는 꾸준히 공부에 힘쓰고 덕행을 쌓았다.

당시의 중국은 여러 나라로 갈라져 있었다. 나라끼리의 세력 다툼으로 전쟁이 쉴 새 없이 일어나 백성들은 불안에 떨어야 했다.

세월을 거슬러 올라가 기원전 1000년경, 주나라는 은나라를 무너뜨리고 호경에 도읍을 정해 크게 번성했다.

그러나 기원전 770년, 북방 민족의 침입을 받아 도읍을 지금의 뤄양 땅으로 옮겼다.

이때부터 주나라는 쇠퇴하기 시작했다. 그리고 세력이 갈라져 다툼이 끊이지 않았다.

"이젠 모든 세금을 지방 제후들에게 바친다."

바야흐로 춘추 시대의 막이 열리게 된 것이다.

춘추 시대란 주나라가 수도를 뤄양으로 옮긴 기원전 770

년부터 진(晉)나라가 한·위·조의 삼국으로 분할되었던 기원전 403년까지의 367년간을 말한다.

공자가 태어난 기원전 552년경의 중국은 한창 어지러운 시기였고, 그는 평생을 전쟁의 소용돌이 속에서 어지러운 나라를 걱정하며 살아야 했다.

춘추 시대 초기에는 지방의 제후국*이 140여 개나 있었다. 그러나 싸움으로 빼앗고 합치고 하여 강한 제후국만 40여 개가 남았다. 그 40여 개 제후국 중에서도 뛰어난 나라가 열두 나라였다.

중국에서 가장 북쪽에는 연나라, 동남쪽에는 오나라, 남서쪽에는 초나라, 서쪽에는 진(秦)나라가 있었다. 그런가 하면 황하 유역을 따라 진(晉)·위·정·조나라가 있었으

제후국

주나라의 문화가 지방으로 전파됨에 따라 각지에서 강력한 도시 국가가 생겨났다. 춘추 시대에는 12제후가 생겼는데 제(齊)나라와 진(晉)나라가 특히 강했다. 이후 계속된 동맹과 전쟁으로 도시 국가는 7개의 강대한 영토 국가로 나누어졌다.

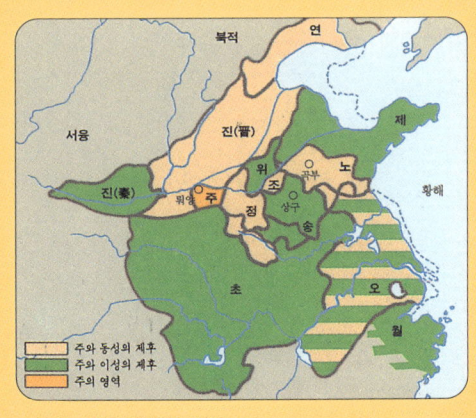

춘추 시대 제후국 지도

며, 황하 유역의 남쪽으로 차·진(陳)나라가 자리하고 있었다.

여기에다가 공자가 태어난 노나라는 중국의 동쪽에 제나라와 함께 자리 잡고 있었다.

세력 다툼이 극심하고 틈만 있으면 남의 나라를 침략하려 엿보는 세상을 공자는 크게 걱정하지 않을 수 없었다.

사람이 사람답게 사는 일은 전쟁으로 땅을 넓히는 것이 아니라 덕을 베푸는 일이라고 생각했다.

공자는 밖에서는 학식과 덕행으로 존경받았으며 집에 돌아오면 효성스러운 아들이요, 믿음직한 남편이요, 훌륭한 아버지였다. 그는 바쁜 일과 중에도 가족들과 함께 둘러앉아 단란한 시간을 갖곤 했다. 공자에게는 어린 아들의 재롱을 보는 것이 하나의 즐거움이기도 했다.

아들의 이름은 '이'였다. 아들을 낳은 뒤 임금님이 잉어를 하사하신 뜻을 고마워하며 잉어라는 뜻으로 '이'라고 지은 것이다. 그리고 자를 '백어'라고 했다.

"아이고, 우리 백어가 복덩이지. 임금님의 선물을 다 받았으니!"

할머니는 손자를 볼 때마다 감격해했다.

"그런데 이 녀석, 너는 장남이니 동생들을 줄줄이 보아야 할 게 아니냐? 그런데 달랑 너 하나뿐이니 이 할미는 여간 서운한 게 아니로구나."

어머니가 손자를 어르며 이런 말을 하면 공자는 무척 죄송한 마음이 들었다. 마음속으로는 아들 형제들을 많이 두고 싶었지만 웬일인지 자식이 생기지 않았다.

"할 수 없지, 그거야 사람 마음대로 할 수 없는 것을……."

어머니는 실망하면서도 아들이나 며느리를 괴롭히지 않았다. 어머니는 날로 이름이 높아 가는 아들이 자랑스럽고, 행복한 가정이 그저 즐겁기만 했다.

공자에게 글을 배우러 오는 제자들의 수가 늘어 가면서 생활도 안정이 되었다.

"우리도 이제는 남부럽지 않게 살게 되었구나! 무엇 하나 제대로 해 준 게 없는데도 이만큼 크게 된 걸 생각하면 내

아들이 대견할 뿐이다."

　어머니는 공자가 있어 세상에 부러운 것이 없었다.

　"어머니가 고생 많으셨지요. 어머니의 돌보심이 아니면 오늘의 제가 있었겠습니까?"

　공자는 살림이 안정됨에 따라 한시름 놓고 공부에 더욱 열중할 수 있었다.

역사 속으로

제사

신명을 받들어 복을 빌고자 하는 의례로 제례라고도 한다.

예부터 동양에서는 하늘과 땅, 해, 달, 별 등을 비롯하여 바람, 비, 토지, 산, 강 그리고 선왕(先王), 선조(先祖)를 대상으로 제사를 지내 왔다. 전국의 이름난 산천에는 해마다 국가에서 직접 제사를 올렸으며, 풍수설이 널리 퍼진 뒤로는 산천을 더욱 중시하여 제를 올렸다.

현대에는 제사를 단지 선조에 대한 의례를 가리키는 것으로 인식되고 있다. <주자가례>에 의하면 가옥에서 선조의 신주를 모신 사당은 반드시 있어야 하는 것으로 규정되어 있다. 그러므로 제례는 사후 세계의 관념과 밀접한 관계를 맺는다. 제사는 사람이 죽어도 혼백은 남아 있으므로 살아 있을 때처럼 조상을 모셔야 한다는 조상 숭배 사상의 유교적 가치관에서 발전해 왔다. 현재 우리나라에서 시행되고 있는 제례의 종류는 음력 매월 초하루나 보름 또는 조상의 생일 등에 낮에 간단히 지냈으며 명절

에만 지내는 것으로 바뀐 차례, 매년 사망한 날 닭이 울기 전 제주의 집에서 지내는 기제, 매년 시월 상달 문중이 모여서 함께 지내는 시제 등이 있다. 그 가운데 시제는 묘사로 구분하기도 하며, 차례는 성묘의 형태로 바뀌고 있다.

노나라

노나라는 주나라의 제후국으로 지금의 중국 산둥성 지역에 근거를 둔 나라다. 노나라를 설명할 때 공자를 빼고는 설명할 수 없을 만큼, 공자와 노나라는 밀접한 관계가 있다.

공자가 승전의 직책을 맡고 있을 당시 노나라는 소공이 겨우 열아홉 살의 어린 나이에 즉위했기 때문에 세상 물정을 모르는 상태였고, 실질적인 정권은 모두 '계손, 숙손, 맹손'이라고 하는 삼환의 수중에 장악되어 정치적으로나 사회적으로 매우 혼란한 상황이었다.

이런 이유로 제나라 등에서 활동하던 공자는 51세 때 노나라

의 중도라고 하는 고을의 장관으로 임명되어 바른 정치를 시작했다. 당시 노나라 임금인 정공은 공자에게 일약 사공이라는 벼슬을 내렸다. 사공의 직책에 있으면서 공자는 정치 개혁을 단행했다. 그러자 정공은 공자를 사구의 자리에 임명하고 재상으로서의 실권을 부여했다. 사구의 자리에 오른 공자는 사법과 행정, 외교의 분야에서 뛰어난 공을 세웠고, 노나라는 비약적인 발전을 거듭하게 되었다.

노나라가 이와 같이 발전하자 이웃하고 있던 제나라에서는 두려움을 느끼기 시작해, 공자를 노나라에서 떠나게 할 계략을 꾸몄다. 이 꾐에 빠진 정공은 재물에 눈이 어두워 정사를 돌보지 않고 방탕한 생활에 빠져 버리고 말았다. 공자가 바로 잡아 보려고 노력했지만, 모두가 허사였다. 결국 공자는 노나라를 떠났고 이때부터 노나라는 쇠퇴하기 시작했다.

공자의 교육 방법

"여보, 당신은 어떻게 가르치시기에 제자들이 날마다 구름처럼 모여듭니까?"

어느 날 아내가 공자에게 물었다. 혹 어떤 비법이라도 있는지 알고 싶었던 것이다.

"여보, 다른 서당은 학생들이 빠져나가 걱정인데 당신은 무슨 비법이 있어 계속 늘어나죠?"

"나의 교육 방법은 특별하지."

"교육 방법이 뭔데요?"

"배우는 사람마다 달리 가르치는 것이오."

"아니, 달리 가르치다뇨?"

"한 가지 문제를 놓고도 사람에 따라 경험이나 생각에 맞게 서로 다르게 가장 알맞은 말로써 가르치는 것이오."

"그러면 이해하기가 쉽겠네요."

아내는 고개를 끄덕이며 감동했다. 그뿐이 아니었다.

공자는 제자가 관심을 가지는 일이나 의문스러운 태도를 보이면 만족스럽게 풀어 주었다.

제자의 의견을 다 듣고 물어 보고자 하는 내용을 이해하면 그 문제를 쉽게 풀어 학문과 진리의 한 부분을 깨우치도록 했다.

공자의 가르침 중에는 여러 가지 유명한 이야기가 많다. 그중에서 '인'이란 것의 교육 방법은 이러했다.

공자는 이 '인'이란 문제를 놓고, 묻는 사람에 따라 각각 다른 대답을 했다.

"선생님! 인이란 어떤 것입니까?"

안회라는 제자가 물었다.

제자들을 가르치고 더불어 노래와 연주가 행해졌던 배움의 장소인 행단. 행단은 '은행나무 밑 교단'이란 뜻이다.

"사사로운 욕심을 눌러 이겨서 하늘이 정한 이치에 들어가는 것이 인이다."

공자는 이렇게 일러 주었다.

"스승님! 인이 좋은 것이고 인에 도달해야 하는 것은 알 수 있으나 어찌해야 인의 경지에 도달하게 됩니까?"

안회는 다시 여쭈었다.

"인을 행하려는 마음만 있으면 된다. 마음먹기에 따라 언제나 인을 실행할 수 있는 것이다. 인을 행하는 것은 다른 사람이 아닌 바로 자신이기 때문이다. 남에게 부탁할 필요가 없고 남의 눈치를 볼 필요도 없느니라."

공자는 인은 주관적인 것이고 자기를 다스릴 용기만 있으면 된다고 차근차근 대답했다. 며칠 후 중궁이라는 제자가 찾아와 질문을 던졌다.

"스승님, 인이란 무엇입니까?"

안회와 똑같은 질문이었다.

그런데 공자의 대답은 지난번과는 달랐다.

"인이란 집을 나와서 다른 사람을 만날 때는 언제나 높고 귀한 분을 대하듯 하는 것이니라. 신분의 높고 낮음을 가리지 말고 누구에게나 진실하게 대해야 마땅히 인을 행하는 것이 된다."

"백성을 다스릴 때도 귀한 분을 뵙듯이 해야 합니까?"

중궁은 알 수 없다는 표정이었다.

"물론이다. 백성을 다스릴 때는 하늘과 땅, 그리고 선왕을 모신 종묘에 제사를 지내는 마음을 가져야 한다."

공자는 상대를 공경하고 염려하는 마음씨가 바로 인이라고 했다.

"그러면 아랫사람을 부릴 때는 어찌해야 합니까? 아랫사

람까지 귀한 손님을 대하듯 한다면 일을 시킬 수가 없지 않겠는지요."

"아랫사람이라고 해서 얕잡아보거나 함부로 대한다면 반드시 후회할 일이 생기는 법, 자신이 바라지 않는 일을 남에게 시켜서는 안 되느니라."

"네, 알겠습니다. 상대의 마음을 헤아려 존중하는 것이 인이란 말씀이지요."

중궁은 머리를 조아렸다.

"옳거니! 사람이 인으로만 행할 수 있다면 밖에서도 여러 사람들과 어울리고, 집에서 식구들과 생활하는 데 원망을 듣지 않으리라."

공자는 중궁이 알아들을 때까지 쉽게 설명했다.

이번에는 사마우라는 이가 또 인에 대해서 질문했다.

공자는 간단하지만, 뜻깊은 말로 대답했다.

"말을 삼가는 것이 인이니라."

이번에는 먼저 두 사람과 또 다른 대답이었다.

"왜 말을 삼가라고 하십니까? 그것으로써 어찌 인이 될 수 있는지요?"

사마우는 머리를 갸우뚱거렸다.

괜히 실천에 옮기지도 못할 일을 함부로 떠벌리는 사람에게는 또 이렇게 충고했다.

"실행하지 못하면 말하지 말아야 하느니, 기분대로 떠벌리는 것은 인이 아니니라."

공자는 열이면 열 명 모두에게 각기 다른 대답을 해 주는 방식을 통해 교육했다.

어떤 문제에 하나의 대답만 있는 것이 아니라, 사람에 따라 필요한 것을 알려 주는 것이었다. 다시 말해 사회에서 직접 쓰일 살아 있는 교육을 시키는 셈이었다.

묻는 사람의 성격과 지식과 환경에 따라 적절하게 가르침으로써 좋은 약이 되었다.

인이라는 커다란 덩어리를 사람에 따라 필요한 부분을 한 쪽씩 떼어 주어 양식을 삼게 한 것이 공자의 교육법이라 할 수 있다.

공자와 제자들이 시·서·예·악을 공부하는 모습

뒷날, 공자의 으뜸 가는 제자 중의 한 사람인 자유는 이렇게 말했다.

"인이란 부모께 효도하고 웃어른을 공경하는 것이다."

이는 공자에게서 배운 것을 간추려 한 말로 공자의 깊은 뜻을 헤아려 나름대로 정의를 내린 것이다.

그 생각은 공자의 생각과 다를 것이 없다. 그러나 공자는 어떤 공식이나 정의를 내세우지 않고 그때그때 질문하는 사람에 따라 적절한 대답으로 일깨워 주곤 했다.

공자의 나이 스물네 살 되던 해, 그는 하늘이 무너지는 슬픔을 맞았다.

어머니가 그만 세상을 떠난 것이다.

찢어지게 가난한 살림 속에서 끼니를 굶어 가면서도 오직 자식만을 잘 키워 보겠다는 일념으로 사시던 어머니였다.

이제 차츰 살림이 늘어 윤택해지고 평화로운 가정을 이루게 되자 세상을 떠나고 만 것이다.

공자의 슬픔은 이루 헤아릴 수 없었다. 앉으나 서나 어머니 생각에 몸과 마음을 가눌 수가 없었다.

며칠씩이나 수저를 들지 않자, 아내가 걱정이 되어 말했다.

"당신이 이러신다고 돌아가신 어머니가 살아나실 일도 아닌데 산 사람은 살아야지요."

"당신은 모를 거요, 내 심정을 젊은 나이에 남편을 잃고 얼마나 험한 고생을 하셨는지……. 집안일과 남의 험한 일을 도맡아 하시면서 오직 나 하나만 잘 되길 바라고 사신 분이라오."

공자는 옛일을 돌아보며 흐느꼈다.

"제가 왜 모르겠어요. 이제 생활이 안정되니까 세상을 뜨시다니……."

공자는 어머니를 잃은 슬픔을 쉽게 달랠 수가 없었다.

"자식이 성공해서 부모를 모시려 하나 부모는 기다려 주지 않고 저세상으로 가시는구나. 뼈에 사무치는 아픔이 또 한 가지 있소. 어머니는 평생 남에게 떳떳한 대접을 받지 못했소. 정식 혼례를 올리지 않았다고 남들의 따가운 눈총을 받아야 했소. 더욱이 아버지와 일찍 사별하고 혼자가 되어 설움이 컸다오."

부인도 공자의 얘기를 듣고 따라서 눈물을 흘렸다.

"첫째 부인이나 둘째 부인 댁에서는 어머니와 나를 무시하고 업신여기니……."

아버지 숙량흘이 세상을 떠났을 때 어머니 안징재는 어린 아들을 업고 본가를 찾아갔으나 문 안에 들어서지도 못하고 쫓겨났다.

본부인의 자식들이 공자의 모자를 인정하기는커녕 지나가는 거지만도 못하게 여겼다.

장례식*날에도 오지 못하게 해서 어머니는 장례식은커녕 남편의 산소가 어디 있는지조차 알지 못했다.

"구야, 이 어미가 변변치 못해서 너의 아버지 산소도 알려 줄 수가 없구나."

어머니는 가끔 눈물을 머금곤 했다.

이렇게 눈물겨운 한을 풀지 못한 채로 일생을 마치신 어머니였기에 더욱 공자의 가슴을 저미게 했다.

"어머니! 저에게는 아버지이지만 어머니께는 남편이신데 제가 부족해서 산소를 찾아 드리지 못했습니다."

공자는 어머니의 시신을 안고 몸부림쳤다.

'어머니 장례식만은 떳떳이 모실 테다.'

공자는 어머니의 쓰라린 과거를 되씹으며 다짐했다. 그

장례식

상중에 행하는 장례의 한 부분으로 시신을 처리하는 일을 말한다. 그 처리 방법으로 땅속에 묻거나 돌로 덮는 방법, 불에 태우는 방법, 물속에 버리는 방법, 땅 위에 버리는 방법 등이 있다. 그 나라의 사회 관습이나 시대적·종교적 배경에 따라 다양한 형태로 나타난다.

장례 의식. 유교 사상에 의한 깍듯한 예가 행해진다.

러나 곧 다른 생각이 들었다.

장례 비용도 문제려니와 남 보기에 화려하고 떠들썩한 장례식이 어머니를 잘 모시는 것만은 아닌 것 같았다. 진정 어머니가 원하시는 것은 아버지 곁에 가시는 일이라 여겨졌다.

생전에 본댁으로부터 따돌림을 받으셨던 어머니가 돌아가신 뒤에라도 아버지와 함께하실 수 있다면 기뻐하실 것 같았다.

'오라! 아버지와 어머니를 합장으로 모시리라.'

공자는 다짐했다.

그러나 이 또한 어려운 일이었다. 어디 있는지 짐작도 할 수 없는 아버지의 산소였다.

어머니가 평생에 걸쳐 틈만 나면 수소문해서 찾았으나 결국 뜻을 이루지 못했다.

공자는 지혜와 힘을 다해 여러 가지 방법으로 아버지 산소를 찾아 나섰다.

"저의 아버지 산소를 알고 계시나요?"

공씨 일가의 묘비가 늘어서 있는 공묘

 자신이 태어난 추라는 지방에 가서 나이 많은 노인들에게 여쭈어보았으나 속 시원한 이야기는 들을 수 없었다.
 "글쎄? 20년이나 지난 일이고 우리 마을에 묻히지 않아서……. 이웃 마을에 명당 자리로 소문난 곳이 있는데 혹시 모르니 그곳에 가 보시오."
 "이웃 마을에요?"
 그때 문득 어머니가 평소에 하시던 말씀이 떠올랐다.
 "너희 아버지는 늘 방촌에서 살고 싶다고 하셨느니라. 예로부터 방촌은 공씨 마을로 아버지가 늘 그리워하셨지. 네가 자라면 집안 어른들께 인사드리게 한다고 벼르시더니 네 나이 겨우 세 살 때 뜻을 이루지 못하고 세상을 뜨셨단다."

'그래, 방촌으로 가 보자. 아버지의 유언으로 방촌에 모셨을지도 모른다.'

공자는 이렇게 생각하고 노나라의 동쪽에 있는 방촌으로 찾아갔다. 과연 그곳에 아버지의 산소가 있었다.

공자는 비석을 확인하고 아버지의 무덤을 파서 관을 꺼냈다. 그리고 어머니의 관을 모셔다가 나란히 합장했다.

이로써 어머니는 생전에 다하지 못한 한을 푼 셈이었다.

공자는 산소 옆에 움막을 짓고 상복 차림으로 곡을 하며 지냈다. 몸과 마음을 깨끗이 하고 즐기던 음악도 멀리했다.

25개월이 지난 뒤, 상복을 벗고 집으로 돌아온 공자는 5일째 되는 날에 마음을 가다듬기 위하여 거

문고를 타 보았다. 그러나 어머니 생각이 간절하여 소리가 전혀 귀에 들어오지 않았다.

10여 개월이 지나서야 사물이 제대로 보이고 들렸다고 하니 어머니를 잃은 충격과 슬픔이 어떠했나를 가히 짐작할 만했다.

이토록 효성이 지극한 공자였지만 언제까지나 슬픔에 잠겨 있을 수만은 없었다.

그러기에는 할 일이 너무도 많았다. 그보다 어머니가 이렇게 슬픔에 잠겨 있는 아들을 좋아하는 것이 아니라 오히려 나무라시는 것만 같았다.

"구야! 이 어미의 기대에 조금도 어긋남이 없는 사람이 되어야지. 네가 이러는 모습을 보니 이 어미의 가슴이 말할 수 없이 아프구나."

공자에게 어머니의 음성이 들리는 듯했다. 공자는 어머니 말씀에 따르는 뜻에서 슬픔을 딛고 일어나기로 작정했다.

역사 속으로

공자의 제자

자유 공자의 제자 자유는 안회, 민자건, 염백우, 중궁, 재여, 자공, 염구, 자로, 자하와 함께 '공문 10철'이라 불렸으며 수많은 제자들을 거느린 공자가 인정한 열 제자 중 한 명이었다.

이름은 언이며, 공자의 제자들 가운데서 문학적인 소양이 가장 풍부해 일찍이 노나라 무성의 성주가 되어 큰 업적을 남기기도 했다.

어느 날, 공자가 자유가 다스리고 있는 무성으로 가는 도중 가는 곳마다 백성들이 음악을 즐기고 있는 것을 목격하고 흐뭇한 기분으로 무성에 도착해 자유에게 "닭을 잡는 데 소 잡는 칼을 쓸 필요가 있을까?"라고 물었다.

이에 자유는 공자의 뜻을 알아차리고 "전에 제가 스승님으로부터 군자가 예와 악의 도를 배우면 백성도 자연스럽게 사랑하게 되고, 백성이 예와 악의 도를 배우면 다스리기 쉽다고 하시던 말씀대로 따랐을 뿐입니다."라고 말했다.

그러자 공자는 수행했던 제자들에게 "자유의 말이 옳다. 내가 방금 말한 것은 농담이었다." 하며 웃었다고 전해진다.

거문고

가야금, 비파와 함께 우리나라 3현 악기의 하나이다. 앞면은 오동나무로, 뒷면은 밤나무로 만든다. 현은 거문고를 무릎에 두었을 때 몸쪽에서부터 차례로 문현 유현 대현 괘상청 괘하청 무현의 6줄로 되어 있다. 대현이 가장 굵고, 문현 무현 괘상청 괘하청 유현의 차례로 가늘어진다. 또, 유현 대현 괘상청의 3줄은 16개의 괘 위에 얹고, 문현 괘하청 무현의 3줄은 그냥 기러기발로 버틴다.

연주법은 거문고를 무릎 위에 올려놓고, 오른손으로 해죽으로 만든 단단한 술대를 잡아, 현침 가까운 데를 술대 끝으로 내리치거나 거슬러 쳐서 소리를 낸다.

<삼국사기>에는 "처음 진(晉)나라 사람이 칠현금을 고구려에

고구려 때 전해진 것으로 알려진 전통 악기인 거문고

보내왔는데, 고구려 사람들은 그것이 악기인 줄은 아나 그 성음과 타는 법을 알지 못하였으므로, 나랏사람으로서 능히 그 소리를 알고, 탈 줄 아는 사람이 있으면 후하게 상을 주겠다 하였더니, 이때 왕산악이 그 본 모양을 그대로 두고, 제도를 많이 고쳐서 아주 새로운 악기를 만들고, 곡조 100여 곡을 지어 이를 타자 검은 학이 내려와 춤을 추었으므로, 드디어 현학금이라 이름하고, 뒤에 말을 줄여서 그저 현금이라 하였다."고 기록되었다.

제나라에서 얻은 교훈

 어머니의 상을 마친 뒤 공자는 제자들과 함께 여러 나라를 두루 돌아다녔다. 보다 깊고 넓은 학문을 연구하고 자기의 큰 뜻을 펼 수 있는 곳을 찾기 위해서였다.
 공자는 주나라에서 대학자인 노자를 만나 가르침을 받기도 했다. 공자의 나이 서른다섯 살 때였다.
 제자들과 함께 제나라로 가는 길에 있었던 일이다. 노나라와 제나라 국경에 자리 잡은 태산 아래를 지날 무렵에 어디선가 슬피 우는 소리가 들렸다. 살펴보니 어떤 여인이

땅에 엎드려 목을 놓아 우는 것이었다.

이상하게 여긴 공자는 제자를 시켜서 여인이 우는 까닭을 알아 오라고 했다.

제자는 곧 여인이 슬피 우는 까닭을 듣고 와서 말했다.

"이 산에는 호랑이가 많다고 합니다. 호랑이가 처음에는 시아버지를 물어 가더니 다음에는 남편을 잡아가고, 이번에는 자식까지 잃었다고 합니다."

"거 참, 알 수 없는 일이구나! 이처럼 호랑이가 못살게 군다면 다른 데로 이사를 가서 살 일이지 어찌하여 이곳에 눌러앉아 있다더냐?"

호랑이는 고양잇과 동물 중 가장 크다.

제자는 다시 가서 공자의 물음에 답을 가져왔다.

"이곳에 계속 사는 이유는 여기에는 포악한 정치가 없기 때문이라고 합니다."

공자는 부인의 말에 크게 느낀 바가 있었다.

"그것 보아라! 포악한 정치는 호랑이보다 더 무서운 법이니라. 지금의 이 일을 명심하도록 하여라."

공자의 일행은 계속 걸어서 다른 지방에 이르렀다.

이번에는 어느 강가를 지날 때였다.

한 남자가 강둑에 앉아 서글프게 흐느껴 울고 있었다. 공자는 이상하게 여겨 걸음을 멈추고 제자들에게 말했다.

"저 사람의 울음소리에 곡절이 있는 듯하구나. 가서 연유를 물어 보리라."

공자가 슬피 우는 사람에게 다가가 사연을 물었다.

"당신은 뉘시오?"

"저는 구요자라고 하지요."

"차림새를 보아하니 상주는 아닌 듯한데 무슨 까닭으로 슬피 울고 있소?"

"네, 저는 큰 잘못을 세 가지나 저질렀습니다. 그것을 깨달았을 때는 이미 돌이킬 수 없도록 때가 늦어 있었습니다. 후회해도 소용이 없는 일이라서 안타까운 마음에 이렇게 울 수밖에 없었습니다."

"그래요? 그 세 가지 잘못이 무엇인지 알고 싶은데 말해 주실 수 있겠소?"

공자는 조심스럽게 물었다.

그 남자는 눈물을 닦고 목소리를 가다듬어 차근차근 이야기를 시작했다.

"저는 젊어서부터 학문을 즐겼으며, 지식을 얻기 위해 세상을 여기저기 다녔습니다. 오랜 세월이 흐른 뒤, 배울 만큼 배웠다고 여겨 어머니께 효도하고 잘 모시려고 집으로 돌아왔습니다. 그런데 저를 반겨 주실 부모님은 벌써 세상을 떠나고 안 계셨습니다. 이것이 돌이킬 수 없는 저의 첫 번째 잘못입니다."

여기까지 말하고 남자는 또다시 흐느꼈다.

"이해가 갑니다. 그래, 두 번째 잘못을 들어 봅시다."

공자는 어머니를 잃었을 때의 슬픔이 되살아남을 느꼈다.

"나이가 들고서 임금을 섬기는 벼슬을 하게 되었지요. 그런데 임금께서 교만하시고 사치만 일삼으시니 이 또한 신하 된 이의 책임이지 않겠습니까. 이것이 저의 무능이고 잘못이지 뭐겠습니까?"

이번에는 공자의 제자들이 고개를 끄덕였다.

이때는 목숨을 걸고라도 옳은 말을 하여 고쳐 드리는 것이 왕을 잘 모시는 일이라 생각했다.

"세 번째 저의 잘못은 벗*을 가볍게 여긴 일입니다. 한평생을 다정하게 지낼 때는 그들의 고마움을 미처 몰랐습니다. 이제 뿔뿔이 헤어지고 이토록 외로움이 밀려드니까 진정 벗의 소중함을 깨달았습니다. 그러나 이제는 모두 되찾

벗
나이나 처지 등이 비슷하여 서로 가까이 사귀는 사람, 흔히 친구를 말한다.

교훈
사람으로서 나아갈 길을 그르치지 않도록 가르치고 깨우치게 하는 말.

구요자의 행동을 보고 깨달음을 얻었던 태산

을 수 없는 일입니다. 저 강물처럼 흘러간 옛일입니다."

말을 마친 구요자는 벌떡 일어나 강 쪽으로 달려갔다.

공자 일행이 미처 말릴 겨를도 없이 강물 속으로 풍덩 뛰어들더니 다시는 떠오르지 않았다.

"이 사람의 경우를 잘 명심해라. 평생의 교훈*이 될 것이야!"

공자는 제자들을 둘러보며 일러 주었다.

"너희들은 이번 여행에서 보고 느낀 것을 평생 교훈으로 삼아야 한다."

제나라 국경에 이르렀을 때 한 제자가 나서며 말했다.

"스승님, 부모님 곁으로 돌아가겠습니다."

"그것도 괜찮겠지. 그렇게 해라."

"저도 돌아가겠습니다."

"저도 보내 주십시오."

공자는 제자들의 청을 모두 들어주었다.

"남은 이들은 나와 같이 국경을 넘자꾸나."

그렇게 해서 공자는 제나라 경공을 찾아갔다.

"임금님, 공자님이 오셨습니다."

제나라 경공은 공자를 반갑게 맞아 주었다.

"어서 오시오, 공자! 오래 머물면서 많은 이야기를 나눠 봅시다. 어떻게 하는 것이 백성을 잘살게 하고 나라가 평안해지는 것이라 보오?"

왕의 물음에 공자는 쉽고 간단하게 대답했다.

"왕은 왕답게, 신하는 신하답게, 아버지는 아버지답게, 아들은 아들답게 각자 분수에 맞는 언행을 해야 합니다."

"과연 옳은 말이로다."

제나라의 왕은 감탄했다. 이어서 왕은 이런 말을 했다.

"만약 왕이 왕답지 않고 아들이 아들답지 않으면, 이 나라에 많은 곡물이 있다고 한들 무얼 하겠소."

이야기를 나눈 왕은 공자에게 다시 방문해 달라고 부탁했다.

다음에 공자가 왕을 만났을 때 왕은 다시 공자에게 물었다.

"어떻게 하면 좋은 정치를 할 수 있겠소?"

"좋은 정치란 덕을 베푸는 데 있습니다."

공자의 대답에 만족한 왕은 공자를 자기 곁에 두고 싶어 했다. 공자가 돌아간 뒤 왕은 신하들을 불러 모았다.

"여봐라! 공자에게 벼슬을 주어 이 나라에 머물러 있게 함이 어떠할지 의견을 말해 보시오."

왕의 말에 신하들은 주춤했다. 잘못하다가는 공자에게 자기들이 밀려날지도 모르기 때문이었다.

안녕이란 사람이 먼저 반대하고 나섰다.

"공자의 가르침은 백성들에게 적용할 만한 것이 못 됩니다. 한마디로 빛 좋은 개살구입니다."

"빛 좋은 개살구라고?"

왕이 얼굴을 찌푸리며 못마땅한 표정을 지었다.

"그렇습니다. 허울만 그럴듯합니다. 그는 옛것을 존중한다고 하여 많은 돈을 낭비하게 만듭니다. 그의 주장을 따르면 집안이 파산할 것입니다."

왕이 생각할 겨를도 없이 다른 신하가 말했다.

"공자와 그의 제자들은 악한 신하들을 만듭니다. 교만하고 이기적이며 말이 많기 때문입니다. 임금께도 바른말을 해야 한다고 꼬입니다."

"그뿐이 아니옵니다. 공자는 이미 낡아서 가치가 없어진 천 년 전의 제도를 찾아내어 그것이 없으면 세상이 망할 것처럼 주장하고 다닙니다."

"어허! 그래?"

왕은 신하들의 말에 귀를 기울였다. 신하들은 다투어 공자를 비난했다.

"공자 일행은 예복이니, 의식의 행렬이니, 장례의 절차까지도 학문이라고 합니다. 사람이 한평생을 배워도 습득할 수 없도록 크게 벌여 놓고 혼란에 빠뜨립니다. 공자에게 중요한 직책을 주어 나라의 전통이 바뀌게 된다면 우리나라가 장차 어찌 될 것인지 걱정이 되옵니다."

이번에는 다른 신하가 말했다.

"공자와 그 무리는 인이라 하여 사람을 사랑하라고 하면서 일하는 사람들을 소인이라 부르며 경멸합니다. 자기들은 군자라 높이면서 절대 농사일은 하지 않습니다. 농사일은 소인이나 하는 것이랍니다. 그들은 농사를 짓지 않고 먹

으며, 길쌈도 하지 않으면서 옷은 입고 다닙니다. 그들이 오직 바라는 것은 벼슬자리를 얻어서 부귀영화를 누리는 것입니다. 그들은 이따위 썩은 궁리만 하면서 남이 일한 것을 빼앗아 가는, 벼슬자리를 찾아 이 나라 저 나라로 몰려다니는 도둑 떼들입니다."

"알았으니 그만들 하시오."

왕은 결심한 듯 다음 신하의 말문을 막았다.

그리고 공자가 다음에 방문했을 때 이렇게 말했다.

"나는 당신을 만나 반가웠소. 당신의 계획은 훌륭한 것이오. 그러나 우리나라에는 맞지 않으니 실행에 옮길 수가 없소."

제나라 왕의 말뜻을 알아차리고 공자는 그 나라를 떠나 자기의 고향인 노나라로 돌아왔다.

이 무렵 노나라는 신하들 간에 싸움이 벌어져 한창 어지러울 때였다. 왕까지 죽이려고 하여 왕은 이웃 나라로 도망을 갔고 싸움에 이긴 신하들이 나라를 자기 마음대로 움직였다.

제나라 대부들의 반대로 다시 노나라로 향하는 공자

　이처럼 혼란한 상태여서 공자는 정치에 관여하지 않기로 결심했다. 오직 학문에만 힘을 기울였다. 이때 시, 역사, 음악에 관한 서적을 편찬했다. 이러한 책은 후에 <역경>, <서경>, <예기>, <춘추>와 같은 이름으로 오늘날에 전해 오고 있다. 공자의 명성이 널리 알려지자 먼 지방에서도 문하생이 되려고 찾아오는 사람이 늘어났다.

　이러한 사숙은 중국 역사상 최초의 일이었다. 그전에는 귀족들에게만 교육의 기회를 주었다.

　그러나 공자는 가난한 사람이나 부자, 혹은 천한 집안 사람이나 귀한 집안 사람을 구별하지 않았다. 누구에게나 약

문하생들에게 유가 사상에 대해 가르치고 있는 공자

간의 수업료만을 받고 가르쳤다.

공자는 이렇게 귀족 계급만의 특권이던 학문을 널리 일반 민중에게도 개방했다.

기원전 502년경 나라에 반란이 일어났을 때였다.

"공자님! 공산불요께서 이번 거사에 함께 하시길 바라고 계시옵니다."

공산불요의 부하라는 자가 찾아와 공자에게 도움을 청했다.

"오, 드디어 내게도 큰 뜻을 펼칠 기회가 왔구나. 주나라 문왕과 무왕은 조그만 고을에서 반란을 일으킨 뒤에 마침

내 큰 왕국을 건설하지 않았는가? 나도 한번 해 보리라. 그래, 공산불요에게 가자."

그러자 제자들이 나서며 공자를 말렸다.

"스승님, 가실 곳이 그리 없으신지요. 하필이면 반역자에게 가시려 하다니……."

"만약 공산불요가 중요한 직책을 준다면 나도 높은 업적을 쌓을 수도 있을 게 아니냐."

그러나 제자들의 반대가 워낙 심해 곰곰이 생각하고 그만두기로 마음먹었다.

그 뒤, 기원전 501년에 노나라 왕은 공자에게 '재'라는 벼슬을 내렸다. 오늘날로 말하면 도시의 시장 자리였다.

공자는 중도라는 도시를 잘 다스려 일 년 뒤에는 가장 훌륭한 도시로 만들어 놓았다.

그리고 그 덕택에 '사공'이라는 벼슬에 오르게 되었다. 사공이란 오늘의 내무부 장관 자리였다. 공자는 능력을 인정받아 다시 '사구'라는 자리에 올랐다. 사구란 오늘날의 법무부 장관의 역할을 하는 벼슬이었다. 그러자 사회가 점

차 안정되어 갔다.

이때 이웃 나라인 제나라의 여조라는 대신이 제나라 왕에게 상소를 올렸다.

"공자가 노나라에서 큰 일을 맡아 하는 것은 우리나라에는 큰 위협입니다. 그러니 노나라와 화친을 맺어야 합니다."

그래서 제나라는 친선 조약을 맺기 위해 노나라에 화친을 제의했다.

두 나라는 경계 지점인 협곡이라는 곳에서 회담을 열기로 했다. 두 나라 왕은 신하를 거느리고 회담 장소에서 만나 인사를 나누었다.

이어서 잔치가 벌어졌다.

제나라의 신하가 주악을 연주하겠다며 가무인들을 내세웠다.

가무인들은 꿩의 깃털로 장식한 악기와 쇠꼬리를 붙인 창, 칼, 방패 등을 들고 나왔다. 그들은 악기에 맞추어 '우장창 챵챵' 요란한 소리를 내며 춤을 추었다.

공자는 앞으로 나가 제나라 신하에게 호통을 쳤다.

"두 나라의 친선을 약속하고 축하하는 자리에 칼과 창, 방패를 들고나와서 야만적인 춤을 추다니! 이런 무례한 행동이 어디 있는가?"

이 같은 호통에 노나라 왕은 어리둥절했다.

'으응, 무례한 행동이었나?'

제나라 왕은 다시 궁중 음악을 연주하며 난쟁이들을 불러들였다.

"군주를 타락시키는 이따위 여흥을 하는 자들은 사형에 처하는 것이 마땅하옵니다."

공연이 한창일 때 공자가 제나라 왕에게 말했다.

"으음······. 저들을 모두 참수시켜라."

이렇게 해서 그 배우들은 모두 죽임을 당하고 말았다.

제나라 왕은 자기 나라로 돌아가서 신하들에게 화를 냈다.

"노나라 신하들은 자기들의 왕을 군자답게 보필하는데 너희들은 나에게 오랑캐처럼 행동하기를

권했다. 이번에 나는 노나라 왕 앞에서 수모를 당했다."

드디어 공자는 벼슬에 오른 지 30년 만인 기원전 498년에 대사구 즉, 재상이 되었다.

그러자 공자는 얼굴 가득 기쁨을 감추지 못하고 즐거움을 나타냈다.

"스승님. 군자는 화가 닥쳐도 두려워하지 아니하고, 복이 밀려와도 기뻐하지 않는 법입니다. 그런데 재상이 되셨다고 기쁨을 감추지 못하시다니 까닭이 무엇입니까?"

제자들이 못마땅해하며 공자에게 물었다.

"그렇다. 너희들 말에 일리가 있다. 그러나 누구든지 사람들 위에 올라서면 즐거운 것이 아니겠느냐!"

공자는 간단하게 대답했다.

공자는 재상이 된 지 7일째 되는 날에 대신으로 있던 소정묘를 참형에 처했다. 나라의 정치를 어지럽힌다는 죄목이었다.

공자의 이러한 처사를 보고 놀라워하는 사람들이 많았다.

"소정묘는 우리 노나라에서 잘 알려진 인물입니다. 그런데 스승님께서 재상이 된 뒤 그 사람부터 처형하셨으니 혹시 실수를 저지르신 것이 아닙니까?"

제자 자공이 걱정스럽게 물었다.

"소정묘는 무리를 모아 당파를 만들고, 대중을 현혹시켜서 나랏일에 맞서 자기 고집대로 하는 자이니라. 이런 자는 반항적이고 자기 영웅심만을 앞세우므로 나라의 독이 분명하다."

공자는 이렇게 대답하고 역사적으로 이러한 예를 들어 설명했다.

군자란 소정묘 같은 사람을 제거하는 사람이라고 다시 강조했다. 공자가 재상이 된 지 석 달쯤 지난 뒤에는 양이나 돼지고기를 팔 때 사람들이 무게를 속이지 않았다고 한다.

공자는 여자와 남자가 길에 함께 다니지 말고, 여자는 멀리 떨어져 길가로만 다니게 했다.

어느 날, 어떤 사람이 공자에게 와서 물었다.

"노자는 '원수를 은덕으로써 갚아라' 하셨는데 선생님은 어찌 생각하십니까?"

중국의 농산물 시장

"그렇다면 은덕을 베푼 사람에게는 무엇으로 갚아야 하는가? 은덕은 은덕으로, 원수는 정의로 갚아야 하느니라."

공자가 한 마디로 대답했다. 공자는 사람들의 관계를 저울에 달 듯 공평하고 합리적으로 처리해야 한다고 했다. 은덕은 은덕으로, 원수는 미워하는 정도에 맞는 정의로 갚으라고 가르쳤다.

역사 속으로

제나라

시조는 강태공이다. 강태공은 주나라 문왕과 그의 아들 무왕을 도와 은나라를 멸망시킨 공으로 제나라 땅을 봉토로 얻었다. 그 때문에 강태공은 제나라의 시조가 되었고 제나라는 주나라의 제후국이 되었다.

춘추 전국 시대에서 제나라는 제위왕, 제선왕, 제민왕 등이 다스린 초기를 제외하면 대체로 진나라와 우호적 관계를 유지한 나라로 알려졌다. 인구가 많고 상업이 발달했으며, 화북 지방에

공자가 여러 나라를 떠돌아다닐 때 함께 있던 10여 명의 제자를 묘사한 '공문 10철'

위치해 상당히 중화적인 문화가 강했다. 특히 해안 지방을 끼고 있어서 고조선과의 무역도 활발했다고 전해진다. 제나라에서는 관자와 손자를 비롯한 학자, 사상가들이 법가와 병가의 사상을 발달시켰다. 무역이 발달한 나라답게 현실주의와 실용주의, 이해득실 등의 사상이 중시된 나라였다.

문하생

문 밑이라는 말로, 가르침을 받으려고 스승의 집에 드나드는 사람이라는 뜻이다. 이 말의 어원은 다음과 같다.

왕통은 수나라 때 하남성에서 태어난 사상가로 시(詩) 서(書) 예(禮) 악(樂) 등에 두루 능통했다. 일찍이 그는 문제에게 '태평 10책'이라는 개혁안을 올렸으나 채택되지 않자, 스스로 유학자임을 자부하여 벼슬길에 나아갈 생각을 거두었다.

문제가 죽자 양제는 그에게 출사를 거듭 요청했는데, 그는 이에도 응하지 않은 채 오히려 재야에서 후진의 양성에 더욱 힘을

쏟았다. 그러자 그의 문하에 많은 사람들이 모여들기 시작했다. 당시의 이름난 문인들이 모두 왕통의 제자가 되기를 원해 모여들자, 사람들은 그들을 하분문하(河汾門下)라고 불렀다. 이러한 문하생 제도는 강력한 학맥을 만드는 계기가 되어, 학맥을 중심으로 파당이 형성되면서 자유로운 학문의 발전을 저해했다.

당파

계급 사회에서 모든 형태의 사회적 의식이 지니고 있는 본질적 특징, 즉 계급적 성격 및 계급 구속성의 표현에서 나온 마르크스-레닌주의 용어이다. 정치적인 면에서 전체적인 의미의 집단에 대하여 대립, 분열하는 성질을 일컫기도 한다.

당파성은 당과의 이념적 조직적 결속으로, 모든 사회적 의식의 형태와는 본질적으로 같지만 각각의 분야에서 이루어지는 구체적인 방식은 다르다.

고국을 떠나다

공자는 재상의 일을 충실히 감당했다. 백성을 살찌게 하고 나라를 튼튼히 하는 데 온 힘을 기울였다.

그런데 당시 노나라에는 삼환가라는 세도 가문이 실권을 잡고 있었다. 그들의 세력은 날아가는 새도 떨어뜨릴 만큼 당당했고, 그들만의 성곽을 쌓아 외부의 출입을 통제하고 있었다.

공자는 그들의 행동이 옳지 않다고 생각했다.

"아무리 세도가 있어도 성곽을 쌓는 일은 옳지 못합니다."

중국 3대 궁전의 하나인 곡부 공묘의 대성전

공자는 임금께 말해서 성곽을 없애게 했다.

공자의 이러한 행동에 삼환가는 힘을 잃기 시작했다. 그러나 나라 안 여러 곳에서 그들의 무리는 기회를 엿보았다.

"백성과 임금의 신망을 한 몸에 받고 있다고 이럴 수가 있어!"

"공자를 잘못 건드렸다간 우리에게 화가 미칠 것이니 기다릴 수밖에……."

"으음, 기회가 오기만 해 봐라."

공자는 용기만 믿는 무인이 아니었다. 그렇다고 지혜만 내세우는 문인도 아니었다. 학덕을 쌓은 학자이면서 사상가이자 정치가였다.

공자가 실권을 잡고 올바른 정치를 하자 나라의 기강이 바로잡혔고 예절 바른 사회가 되었다.

모든 백성들은 평화로운 세월을 즐기며 살았다.

노나라 임금인 정공은 공자의 지혜 덕에 나라 안팎으로 위신을 크게 떨치게 되었다. 그뿐만 아니라 노나라는 군비를 갖추어 국방을 튼튼히 하는 것도 잊지 않았다.

노나라의 눈부신 발전에 불안해진 것은 이웃인 제나라였다.

"노나라가 우리를 친다면 우리는 꼼짝없이 당할 수밖에 없지 않겠소?"

"앉아서 당할 수는 없으니, 대책을 세워 봅시다."

제나라의 대신들이 걱정했다.

제나라에서 지혜로운 신하로 꼽히는 여서는 잠도 이루지 못하고 궁리했다. 그러다 한 꾀를 생각하고 무릎을 쳤다.

그는 임금께 나아가 은밀히 아뢰었다.

"노나라의 세력을 꺾을 방법이 한 가지 있습니다."

"그 방법이 무엇인고?"

임금은 귀가 번쩍 뜨여 물었다.

"공자를 나라 밖으로 몰아내는 것입니다."

"공자를 몰아낸다고? 노나라의 임금과 백성들이 공자를 나라 밖으로 보낼 까닭이 있을까……?"

임금은 불가능하다고 머리를 저었다.

"이렇게 하면 됩니다."

임금의 눈이 다시 빛났다.

"나라의 미녀 80명과 아름답게 장식한 말 60필, 그리고 값진 선물을 내려 주시면 공자를 노나라 밖으로 몰아낼 수 있습니다."

"그것으로 일이 성사된다면 그리하도록 하라."

임금의 명이 떨어지자 여서는 미인 80명을 뽑아 노래와 춤을 가르쳤다. 그리고 아름답게 장식한 60필의 말에 값진 선물을 가득 실어 노나라 임금인 정공에게 보냈다.

제나라 임금은 여서의 계략이 어떤 것인지 지켜보기로 했다.

제나라 사신 일행이 노나라로 오는 모습은 너무도 화려해서 보는 이의 넋을 빼앗았다.

치장한 미녀들과 선물을 가득 싣고 오는 말들이 줄지어 장관을 이루었다.

"제나라에서 웬일로 선물을 보내올까?"

"잘 봐 달라는 게지, 뭐."

"그럼, 미녀들은 왜 오지?"

노나라 사람들은 모두가 궁금해했다.

'흥! 무식한 너희들이 우리의 계략을 알 리가 있나.'

제나라 사신 일행은 노나라 수도 곡부의 성 밖에 멈추었다.

노나라 정공이 자신들을 받아들이기를 기다리며 임시 천막을 쳤다.

"자, 풍악을 울리고 춤춰 보자꾸나."

백성들이 모여들어 구경하자 소문은 삽시간에 퍼졌다. 공자는 소식을 들었지만, 어찌할 수가 없었다. 나라 법으로 미루어 외국의 사신을 그냥 쫓아내지는 못하기 때문이다.

화려하고 아름다운 전통 의상을 차려입은 여인들

임금이 제나라의 계략에 빠지지 않기만 바랄 뿐이었다.

임금도 그들이 어떤 음모를 꾸미는 것이라고 믿어 어찌할 것인가를 고민하고 있었다.

그런데 계환자라는 세도가가 호기심을 누르지 못해 변장까지 하고 구경을 다녀왔다. 계환자는 아름다운 미녀들의 이야기를 임금인 정공에게 자세히 설명했다.

"미녀야 어쨌든 제나라의 왕이 보낸 선물을 그냥 돌려보낸다는 것은 예의가 아니지."

드디어 임금은 솔깃한 마음이 들었다.

겉으로는 계환자에게 이렇게 말했지만, 속으로는 향락을

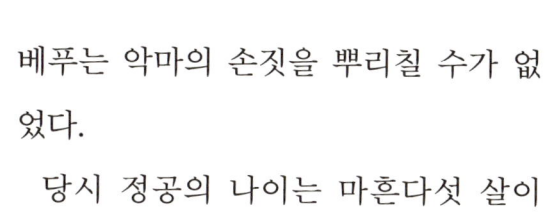

베푸는 악마의 손짓을 뿌리칠 수가 없었다.

당시 정공의 나이는 마흔다섯 살이었다.

'공자가 알면 못 가게 막을 테니 몰래가 보아야지.'

임금은 계환자와 함께 몰래 성문을 나갔다.

선녀처럼 아름다운 처녀들이 펼치는 노래와 춤에 임금은 그저 황홀하기만 했다. 궁중으로 돌아온 뒤에도 임금은 화려한 무대가 떠올라 밤잠을 이루지 못했다.

임금은 몹시 괴로웠다. 그 선물들이 제나라의 계략일 것이라는 생각을 하면서도 유혹을 뿌리칠 수가 없었다.

결국 정공은 제나라의 선물을 받고

말았다. 공자는 임금이 선물을 받았다는 말을 듣고 급히 궁궐로 향했다.

임금은 공자가 달려와서 잘못을 지적할 것을 짐작하고 있었다. 그래서 나인들에게 몸이 불편하니 아무도 만나지 않을 것이라고 일러두었다.

그 뒤로 노나라에서는 매일 잔치가 벌어졌다. 미녀들의 현란한 춤은 왕의 눈뿐만 아니라 마음마저 어지럽혔다. 궁중에서 들리는 떠들썩한 음악 소리는 공자와 다른 충신들의 가슴을 애타게 했다.

공자는 매일 임금을 찾아가 만나기를 간청했다. 그러나 호위 군사들과 나인들은 연회장 입구를 가로막고 들어가지 못하게 했다.

'제나라가 무기보다 무서운 미인계로 쳐들어온 것을 알아채지 못하다니…….'

공자는 혀를 차며 한숨을 내쉬었다.

"임금의 명령이 서릿발과 같으니 너희들이 어쩌겠느냐!"

공자는 안타까운 마음을 감출 수 없었다. 그러자 한 지밀

상궁이 나서며 공자를 위로했다.

"잠깐만, 혹시 만나 주실는지 여쭤 보고 오겠습니다."

지밀상궁은 조심스럽게 미녀와 춤추고 있는 임금께 다가갔다.

"공자께서 며칠 동안이나 임금님을 찾았습니다. 지금도 밖에서 기다리시는데……."

"필요 없다. 만나지 않겠다고 하여라."

"하오나……. 한 번만 만나 주시옵소서."

"감히 뉘 앞에서 이래라저래라 하느냐! 썩 물러가지 못할까! 으하하, 다시 풍악을 울리고 춤을 춰라."

공자는 다음 날도 또 다음 날도 임금을 찾아갔다.

"우리 스승님이 저러시다가는 임금님께 죽임을 당하실지도 모르겠구나!"

제자들은 눈물을 흘리며 안타까워했다.

그러나 공자는 임금의 총명함을 흐리게 한 것은 그것을 말리지 못한 자신의 책임이라 여겼다.

궁궐에서 힘없이 돌아오는 공자를 보고 제자들이 저마다

노나라 정공이 제나라의 계략에 빠지자, 벼슬을 버리고 천하를 떠도는 공자

말했다.

"스승님! 오늘도 임금님을 뵙지 못했습니까?"

"음, 큰일이로다!"

"더 이상 가 보셔도 소용이 없습니다. 차라리 이 나라를 떠나시는 것이 옳겠습니다."

제자들은 입을 모아 권유했다.

덕망 높으신 자기들의 스승이 이처럼 푸대접받는 것을 차마 볼 수가 없었다.

공자도 지칠 대로 지쳐 제자들의 의견에 따르기로 했다.

"그러면 어디로 떠나야 좋겠느냐?"

"위나라로 가십시오."

제자들의 권유대로 공자는 위나라로 떠나기로 했다. 위나라는 노나라의 서쪽에 있었다. 공자가 탄 수레* 뒤로는 수십 명의 제자들이 따랐고 옆으로는 자로, 안회, 자공 등이 호위했다.

"공자님이 떠나신다!"

곡부에서부터 위나라로 이어지는 길까지 백성들과 관리들이 나와 슬퍼했다.

그들은 일행이 멀어져 보이지 않을 때까지 머리 숙여 인사를 했다.

'어진 백성들이 한 덩어리가 되어 부강한 나라를 이루었건만……. 세상을 뜰 때까지 나는 힘을 다해 나랏일을 하려

수레

바닥에 바퀴를 달아 사람이나 짐을 옮기는 도구. 수레의 바퀴 수는 두 개 또는 네 개가 보통이나 손수레처럼 한 개로 된 것도 있고, 경우에 따라 여덟 개를 쓰며 그 이상 달기도 한다. 중국에서는 기원전 1300년 무렵, 은나라 때 이미 전차가 사용되었다.

공자가 방랑할 때 타고 다니던 수레

했는데 이렇듯 작별의 시간이 오다니! 이것이 진정 하늘의 뜻이라면 사람이 어찌하겠는가?'

공자는 마음속으로 작별 인사를 했다.

다음 날 공자 일행은 국경에 다다랐다. 국경을 넘으려 하니 조국에 대한 애틋한 정과 뜨거운 사랑이 엄습해 왔다. 태어나고 자란 노나라에서 하루라도 더 묵고 싶었다.

국경 마을 백성들은 말로만 듣던 공자가 나타나자, 머리를 조아렸다.

"공자님을 직접 뵙게 되어 영광입니다."

"모두 일어나시오."

그때 국경 마을을 다스리는 관리까지 달려와 공자를 찾았다.

"공자님! 저는 이름 높은 어른들이 국경을 오갈 때마다 꼭 뵈었습니다. 국경을 지나가는 이름난 인물을 많이 보아 왔지만, 공자님같이 덕망 높은 분은 처음 뵙습니다. 정말 영광입니다."

관리는 머리를 조아리고 공자를 뵌 것을 자랑스러워했

다. 공자는 제자들과 함께 국경에서 하루를 묵게 되었다.

"제자들아! 이 밤이 고국에서 마지막이로구나."

날이 밝자 공자 일행은 고국산천을 쓸쓸히 떠나갔다.

앞으로 어떤 일이 벌어질지 어디로 가야 할지 막막하였고, 언제 다시 국경을 넘어오게 될지 기약을 할 수 없는 길이었다.

공자 일행은 먼저 위나라에 도착했다. 위나라에는 공자의 제자 중 한 사람인 자로의 처남이 살고 있었다. 공자는 자로의 처남인 안수유의 집으로 안내되었다.

안수유는 온 세상에 떠들썩하게 알려진 귀한 손님을 맞아 정성껏 대접했다.

공자가 위나라로 왔다는 소식을 듣고 제일 기뻐한 사람은 위나라의 임금 영공이었다. 백성들도 기대가 컸다.

"공자님께서 우리나라에 오셨으니, 노나라에서처럼 우리 백성을 잘살게 해 주시겠지?"

"글쎄, 나라에서 큰일을 맡기고 그분이 떠나지 않게 하셔야 할 텐데……."

공자는 위나라 임금 영공의 초대를 받고 궁궐로 갔다. 위나라 궁궐은 노나라 궁궐보다 훨씬 웅장하고 아름다웠다.

공자는 건물의 훌륭함보다는 신하들의 언행에 관심이 많았다.

신하 중에 숙어라는 사람의 태도가 바르고 의젓했다.

영공은 공자에게 여러 가지를 묻고 나서 다음 말도 잊지 않았다.

"노나라에 있을 때 급료는 얼마를 받았소?"

"네, 봉속 6만 두였습니다."

공자는 대답했다.

봉속이란 나라에서 주는 급료인데 6만 두는 벼 810가마니 정도에 해당한다.

위나라 임금은 공자에게 그만큼의 급료를 주고 자기 나라에 있게 하려고 마음먹었다.

물론 위나라의 발전을 위해서였지만 다른 나라로 가서 그 나라를 강하게 만드는 것을 염려해서였다.

공자는 위나라에 머물러 있는 동안 제자들과 함께 거리

구경을 다녔다. 인구가 노나라보다 훨씬 많은 위나라에서 풍습도 살피고 견문도 넓히고 싶었다.

위나라에서 별로 기대할 것은 없지만 대신인 사어라는 사람과 거백옥이라는 사람의 인품이 마음에 들었다. 그들과 함께 벼슬을 얻어 뜻을 펴 볼까 하는 생각도 들었다.

공자는 제자들에게 그 두 신하에 대해 이런 말을 했다.

"사어라는 이는 성품이 곧은 인물이다. 나라의 기강이 바로잡혔을 때나 어지러울 때나 한결같이 곧은 점을 백성들이 본받아야 할 것이야. 거백옥이라는 이도 훌륭한 군자다. 나라에 질서가 있고 법도가 잘 지켜질 때는 임금을 섬겨 그 뜻을 펼치고, 질서가 무너졌을 때는 그 뜻을 가슴속에 간직한 채 초연히 지낼 수 있는 인물이지."

사어와 거백옥은 공자의 학문과 덕을 높이 사모했다. 어떤 일이 있어도 위나라에서 공자에게 벼슬을 내리게 해 붙들어 놓으려고 애썼다.

그러나 세도를 잡은 대신들의 반발로 두 사람의 노력은 허사로 돌아갔다.

위나라 영공이 기러기가 하늘을 날아가는 것을 보고도 기뻐하지 않자 실망하여 진나라로 향하는 공자

　세도를 잡은 대신들은 공자가 위나라를 빨리 떠났으면 하는 눈치까지 보였다. 공자는 위나라를 떠날 수밖에 없었다.
　"진나라로 가자."
　공자는 결심하고 제자들에게 말했다.
　공자는 위나라에 있는 동안 사귀었던 사람들과 일일이 작별 인사를 나누었다.
　공자는 제자들을 이끌고 진나라에 들어섰다. 그러나 생각과는 반대로 진나라에서도 공자 일행을 반겨 주지 않았다.
　다시 위나라로 돌아온 공자는 여러 가지 어려움에 부딪

진나라가 자리 잡고 있던 산서성

쳤다. 임금이나 공자를 좋아하는 대신들이 공자에게 나라의 중요한 벼슬을 맡기려고 하면, 이를 시샘하는 대신들이 반발하고 나섰다. 공자는 위나라에 더 머물러 있을 수가 없었다.

마침내 위나라를 떠나 이번에는 정나라로 갔다. 정나라에서도 별로 환영을 받지 못하여 공자는 다시 길을 재촉했다.

"이곳도 나의 뜻을 펼 자리가 못 되는구나!"

어디로 갈 것인가를 생각하는 도중 위나라의 임금인 영공이 공자를 그리워한다는 소식을 듣게 되었다.

공자는 다시 위나라로 향했다. 세 번째 위나라에 가는 셈이었다. 가는 길에 전에 묵은 적이 있었던 주막에 들렀다.

집주인이 세상을 떠나 가족과 동네 사람들이 모여 장례를 지내고 있었다.

공자는 방 안으로 들어가 조문을 마친 다음 밖으로 나와 제자들에게 일렀다.

"말 한 필을 부의로 전하거라."

"스승님, 하룻밤 쉬었다고 말을 부의로 주면 너무 과하지 않습니까?"

"옳습니다. 아끼던 제자가 세상을 뜰 때도 이러지 않으셨는데……."

그러자 공자가 조용히 제자들을 타일렀다.

"조문하러 들어갔더니 상주가 나를 보고 슬피 울기에 나도 함께 울었지. 이대로 간다면 내 흘린 눈물이 거짓이 되지 않겠는가."

"역시 스승님이셔."

제자는 말 한 필을 상주에게 가져다주었다.

"이 말은……?"

"공자님께서 주시는 부의입니다."

제자는 상가에 말을 놓고 돌아왔다.

공자가 위나라에 도착하자 임금인 영공은 멀리 성문 밖까지 마중을 나왔다. 참으로 극진한 대우였다.

영공은 공자의 가르침을 애타게 기다리고 있었다. 위나라의 질서가 흩어지고 있어 공자의 가르침대로 기강을 바로잡아 보겠다고 생각했다.

영공은 공자에게 여러 가지를 물어 그대로 실행하기 시작했다. 그러나 공자에게 직접 백성을 다스릴 기회는 주지 않았다.

공자는 영공에도 실망하여 떠나기로 작정했다.

역사 속으로

진(秦)나라

중국 주나라 때 제후국의 하나로 전국 시대를 마감하고 중국 최초로 통일을 완성한 국가(기원전 221~기원전 207)이다. 진시황제는 장양왕의 아들로, 장양왕이 죽은 후 왕위를 계승하였다. 후에 6국을 멸망시키고 전 중국을 통일하여, '시황제(최초의 황제라는 뜻)'라 일컬었다. 왕의 자리에 25년, 황제의 자리에 12년간 있었다. 49세에 병으로 죽었다.

진의 통일로 오랫동안 제후들의 혼전이 끊이지 않던 국면이 종식됨으로써, 백성들의 생활은 안정되고 생산력은 증대되었다. 시황제는 진 왕조의 통치가 만대에 걸쳐 지속될 수 있기를 희망하면서 모든 정무를 황제가 결재하는 삼공구경제를 시행했다. 또 전국을 36개의 군으로 나누어, 군 아래에는 현을 설치하는 군현제를 만들었고 도량형과 화폐, 문자를 통일했으며, 도로를 정비하여 각지의 교통 체계를 강화했다.

농민을 징발하여 진, 조, 연나라의 북방에 있던 장성을 연결하고 동서로 더욱 확장했다. 이것이 바로 그 유명한 만리장성이다.

당시 전국에서 병역과 부역으로 징집된 인원이 무려 150여만 명에 달했으며, 남자가 부족하면 여자들도 보급 물자 수송에 잡혀갔다. 이에 따라 수많은 사람들이 고통에 시달리며 죽어 갔다. 시황제의 통치 시기에는 법률도 대단히 엄격하고 가혹했다. 한 사람으로 인해 가족과 친지들이 처형당하는 '족주'와 온 마을이 처형을 당하는 '연좌'가 성행하기도 했다.

사신

왕을 대신하여 국내외에 파견되는 신하를 말한다. 보통 사신이라 하면 국외에 파견되는 외교 사절을 연상하지만, 원래 사신의 의미는 왕의 권한을 대행하는 신하라는 뜻이다.

사신은 왕의 명령을 대행하므로 일반 관원과는 다른 대우를 받았다. 즉 각종 의례에서 자신의 품계와는 관계없이 높은 대우를 받았으며, 사신이 지나갈 때면 지방 관직자들은 반드시 영접해야 했다.

우리나라에서 사신의 명칭과 운영 방식이 규격화된 것은 고려

진시황제의 능에서 발굴된 병마용

말 조선 초이다. 사신의 운영 방식과 예우 등이 모두 중국을 중심으로 한 사대 관계의 질서 속에서 정비되었다.

사신 구성은 정사·부사·서장관·압물관·통사·의원·서자관·화원 그리고 수행원과 노비가 기본적인 구성이었다. 상황에 따라 필요한 직책이 추가되었는데 인원은 대략 30~40명이었다. 정사는 정3품관 이상에서 선발했으며, 정사·부사·서장관을 합하여 3사라고 불렀다. 역관·화원 등의 여비는 호조와 선혜청에서 담당했으며, 국내 경유지는 해당 도에서 부담했다.

외로운 나날

공자가 위나라의 영공에 지쳐 있을 무렵이었다.

진나라의 유력한 대신 조간사가 사신을 보내어 공자를 모셔 가려 했다.

예를 갖추어 맞으려고 한다는 청을 받은 공자는 갈 것을 허락했다. 새로운 기대를 품고 제자들과 함께 다시 진나라로 길을 떠났다.

공자 일행이 황하*에 이르렀을 때 진나라로부터 놀라운 소문이 들려왔다.

공자를 정중히 모시겠다고 한 진나라의 대신 조간사가 어진 신하 두 사람을 죽였다는 것이다.
　　공자는 제자들을 불러 모은 뒤 이렇게 말했다.
　　"모두 가슴 깊이 새겨 두어라. 조간사가 어진 신하 두 사람을 죽였다는 소문은 모두 들었겠지? 죽임을 당한 두 사람은 조간사가 어려운 지경에 있을 때 도와준 은인들이다. 조간사는 권세를 잡자, 은혜를 갚지는 못할망정 억울한 죄를 뒤집어씌워 살해했다. 이 어찌 하늘을 우러러 부끄럽지 않을쏘냐? 군자는 뜻을 같이했던 사람을 배반하는 자를 가까이하지 않는다. 내 어찌 짐승만도 못한 자를 만날 수 있겠느냐? 황하를 넘는 일은 없었던 것으로 하겠다."
　　공자는 황하 기슭에서 강물을 굽어보며 탄식했다.

황하

중국 북부를 서쪽에서 동쪽으로 흐르는 강. 길이 5,464킬로미터, 유역 면적 74만 5,000제곱킬로미터이다. 특히 중류와 하류는 중국 문명의 요람지로 유역에 유물·유적들이 산재해 있다. 잦은 홍수로 인해 지류에 의한 구릉지를 중심으로 문명이 형성·발달했다.

황톳빛을 띠고 있는 황하

"크고 아름다운 강물이로다. 내, 이 강물을 건너려 했건만 여기서 돌아서야 함도 운명임을 어찌하랴!"

공자 일행은 이제 어디로 갈 것인가를 의논했다.

그러다가 노나라로 가는 데 의견을 모았다. 이 나라 저 나라를 떠돌아다니면서도 한시도 잊지 못한 고국이었다.

공자 일행은 오랜만에 자기들의 나라로 돌아왔다.

그러나 노나라 사람들은 아무도 공자를 반겨 주지 않았다. 그렇다고 떠나라는 말도 없었고 아무 관심도 없었다.

정겨운 고국 강산은 예나 이제나 똑같이 아름답건만 인심은 변해 있었다.

노나라에서는 다시 돌아온 공자에게 벼슬을 내주려 하지 않았다.

지난날 나라의 기틀을 든든하게 다진 한 재상이었건만 세력 다툼에 눈이 어두운 대신들은 공자의 참여를 오히려 불안해하는 눈치였다.

"이 나라를 위해 온몸을 바친 공신을 이렇게 무시하고 푸대접해도 됩니까?"

제자 중에는 울분을 터뜨리는 사람도 있었다.

공자는 노나라에서 3년을 머무른 뒤 뜻을 펼 수 없음을 알고 다시 떠나기로 했다.

공자는 오나라로 갔다가 다시 위나라로 갔다. 그러나 곧 떠나서 조나라, 송나라, 진나라에 이르렀다.

그 어느 나라도 공자가 마음을 붙이고 일할 곳은 없었다.

어디를 가건 봉건 제도*가 허물어지고 있어서 임금의 권한이 그만큼 약해져 힘을 쓰지 못하고 있었다.

신하들이 세력을 잡아 자기의 위치가 흔들릴까 봐 다른 사람을 배척하는 터였다.

이때 궁중에서 판을 치는 것은 중상모략을 일삼는 간신배들이었다.

봉건 제도

'땅을 봉하고 나라를 세운다'라는 뜻. 주나라는 군사적 지배를 위해 제후를 임명, 관직과 함께 읍토와 백성을 주었다. 제후는 이를 받고 지배 국가로 가서 읍을 세우고 다시 주변의 여러 읍을 복속, 관직과 채읍을 주어 지배 조직을 만들었다.

영주에 예속되어 농사를 짓는 서양 중세 시대의 농민

공자는 이런 곳에서는 옛 제도를 이어받아 왕을 중심으로 질서를 잡아야 한다는 자기 이상을 이룰 수 없다는 것을 느꼈다.

그리하여 이 나라 저 나라 옮겨 다니며 일할 곳을 찾았다.

가는 나라마다 임금을 만나 나라의 기강을 바로잡고 발전시킬 방법을 이야기했지만, 번번이 외면을 당했다.

다시 진나라에서 출발한 공자 일행은 이웃에 있는 채나라로 가고 있었다.

국경에 이르렀을 때 갑자기 산적들이 나타났다.

"꼼짝 마라. 목숨이 아깝거든 있는 걸 모두 내놔라."

산적들이 공자 일행을 에워싸고 소리치자, 제자들은 어찌할 바를 몰랐다.

그때 공자가 수레에서 거문고를 꺼내었다.

"아니? 이 순간에도 여유롭게 거문고를 뜯다니!"

"예사로운 인물이 아닌 게 틀림없어."

"빨리 도망치자!"

산적들은 미리 기가 죽어 걸음아 날 살려라! 하고 도망쳤다. 제자들은 다시 한번 공자를 우러러보게 되었다.

"스승님, 어진 선비*는 어려운 지경에 빠졌을 때 어찌해야 되는 것입니까?"

제자들이 공자에게 물었다.

"사람들은 어려운 지경에 놓이면 정신을 차리지 못하여 실수하기가 쉽지! 어진 선비는 결코 정신을 잃고 허둥대어서는 안 되느니라."

공자는 산 교육으로 제자들을 가르쳤다.

공자의 일행은 국경을 넘어 채나라로 들어갔다. 채나라도 공자가 일할 곳이 못 되어 다시 초나라로 갔다.

초나라에서도 반겨 주는 사람이 없어 할 수 없이 다시 채나라로 발걸음을 옮겼다.

선비

학식과 인품을 갖춘 사람을 일컫는다. 특히 유교 이념을 따르는 신분 계층을 가리킨다. 또 부와 귀의 세속적 가치를 멀리하며 인의를 중시한다.

조선시대에 유교 이념을 따랐던 신분 계층인 선비

나그네가 되어 이리저리 떠돌던 공자 일행이 어디선가 길을 잃게 되었다.

"이런 낭패가 있나."

때마침 밭에서 두 농부가 밭을 갈고 있었다.

"저들에게 물어보면 되겠군. 가서 건널목이 어디에 있는지 알아보아라."

그들은 장저와 걸닉이란 농부인데 벼슬을 버리고 시골에 묻혀 사는 선비들이었다.

"길을 잃어 그러는데 건널목이 어딨소?"

공자의 제자인 자로가 물었다.

"우리는 장저와 걸닉이오. 그나저나 저기 수레에 앉아 계신 분이 누굽니까?"

농부가 되물었다.

"공자님이십니다."

"노나라의 공자님이시군요?"

"그렇습니다."

"그런데 당신은 그의 제자요?"

쟁기를 이용해 논갈이를 하는 농부. 이미 춘추 전국 시대에 철제 농기구를 이용한 경작이 시작되었다.

"그렇소."

자로는 언짢은 표정을 감출 수 없었다. 가르쳐 달라는 길은 안 가르쳐 주고 되묻기만 하니 말이다.

"방황하는 나그네들이여, 세상은 어디를 가나 마찬가지인 것을. 어디로 간들 당신들에게 벼슬을 줄 것 같은가?"

두 농부는 씨앗을 뿌리며 자로를 거들떠보지도 않았다.

자로의 말을 들은 공자는 크게 탄식했다.

"어찌 산과 들에 숨어 새나 짐승과 더불어 세월을 보낼 수 있을쏘냐? 세상의 질서를 바로잡아야 하느니."

공자는 제자들에게 다시 가서 길을 물어 오라고 하여 무사히 강을 건넜다.

공자의 방랑은 실로 괴로운 가시밭길이었다. 벼슬과 부귀영화는 아무 곳에서도 찾을 수가 없었다.

근 20여 년을 타국에서 헤매다가 마침내 노나라로 돌아왔다.

노나라는 이제 애공이 다스리고 있었다. 공자는 애공을 찾아가 인사를 했다.

애공은 공자를 반갑게 맞으며 나라를 잘 다스리는 방법에 관해 물었다.

"윗자리에 앉은 사람이 정직하면 그 밑에 있는 사람도 감동하여 자연히 정직하게 됩니다."

애공은 공자를 자기의 고문으로 삼았다. 그러나 공자에게는 아무런 실권이 없었다.

공자도 이제는 나이가 들어서 조용히 제자들이나 가르치며 책을 펴내는 일에만 힘쓰기로 했다.

"스승님, 일생 지켜야 할 사람의 도리를 한 마디로 말씀해 주십시오."

어느 날 제자 자공이 물었다.

"자기가 싫어하는 것은 남에게도 시키지 말아야 하느니라."

고국으로 돌아온 공자는 제자를 가르치는 것뿐만 아니라 3년 동안 3천여 편의 옛시를 정리하여 펴냈다.

그뿐만 아니라 옛글을 모아 여러 책도 펴냈다.

세월이 흘러 공자의 나이 일흔한 살이었다.

'세월이 무심하다.'

이 무렵 공자에게 큰 슬픔이 닥쳤다.

아들 백어가 쉰 살의 나이로 세상을 떠난 것이다.

공자는 마음 깊은 곳으로부터 아들을 무척 사랑했지만, 겉으로 내색하지 않았다.

공자의 제자 진항이 백어에게 이렇게 물은 적이 있었다.

"혹시 아버님으로부터 저희가 듣지 못한 말씀을 배운 것이 있습니까?"

백어는 다음과 같이 대답했다.

"그런 일은 없습니다. 제가 아버님께 배운 것은 두 가지뿐입니다. 언젠가 아버님이 뜰에 혼자 계실 때 제가 지나가고 있었지요. 아버님은 저에게 시를 배웠느냐고 물으셨습니다. 아직 배우지 못했다고 하니 시를 배우지 않고는 남과 이야기 할 수 없다고 하셨지요. 제가 시 공부를 시작한 것은 그때부터였습니다. 또 하루는 아버님께서 뜰에 서 계셨지요. 그 옆을 지나려니까 예법을 배웠느냐고 물으셨어요. 저는 아직 배우지 못했다고 하였지요. 예법을 배우지 않으면 사람 구실을 못 한다고 아버님이 말씀하셨어요. 그래서 예법을 배우기 시작한 겁니다."

백어의 이야기를 듣고 나서 진항은 만족해했다.

"나는 한 가지를 묻고 세 가지를 배웠습니다. 시에 대해서, 예법에 대해서, 그리고 군자가 아들을 가르치는 방법에 대해서 알았으니까요."

백어는 아들을 남기고 세상을 떠났는데 아들의 이름은 자사이다. 자사는 훗날 <중용>이라는 유명한 책을 지은 사람이다.

백어가 죽은 해, 공자는 다시 제자 안회를 잃었다.

"아, 하늘이 나를 버리는구나."

공자는 체면도 가리지 않고 슬픔에 몸부림쳤다.

제자 중 안회는 공자의 가르침을 가장 잘 따른 인물이었다.

"현명하여 후계자로 삼으려 했는데 마흔 살에 세상을 뜨다니……. 아까운 인물을 잃었구나. 안회는 끊임없이 전진하는 제자였는데……."

공자는 길게 한숨을 쉬었다.

그 뒤, 항상 위험한 길에 앞장서며 공자를 따랐던 제자 자로도 세상을 떠났다.

"나는 하늘을 원망하지 않고, 남을 원망하지 않으며 살았건만 이 세상에는 나를 이해해 주는 이가 아무도 없구나!"

공자는 사랑하는 사람들을 먼저 보내고 이렇게 탄식했다.

노나라 임금 애공 16년, 기원전 479년 봄에 공자는 자리에 눕게 되었다. 제자 자공이 문병을 가 보니 공자는 지팡이에 몸을 의지하고 뜰에 나와 있었다.

태산이 무너지려 하고
기둥은 쓰러지려 하네

철인은 세상을 뜨려 하누나.

공자는 나직이 노래를 불렀다.
두 눈에서는 눈물이 흘러내리고 있었다. 생명이 다했음을 예감한 듯했다.
공자가 병이 들어 누웠다는 소식을 듣고 제자들이 잇달아 달려오는가 하면 이웃 나라에서 약을 보내오기도 했다.
손자인 자사는 할아버지 곁을 떠나지 않았다.
자신의 최후를 예감하고 노래를 부른 지 7일째 되는 날 공자는 일흔두 살의 나이로 조용히 숨을 거두었다.

아아, 슬프도다! 하늘은 어찌하여 나를 가엾게 여기지 아니하고 스승을 빼앗아 갔는가. 스승으로 의지하던 그대가 세상을 떠났으니 이제 누구의 말을 믿을 것인가.

이것은 임금 애공이 공자의 죽음을 슬퍼하여 조의를 나타낸 글의 한 부분이다.
　장례식은 애통함을 가누지 못하는 제자들에 의해 성대하게 치러졌다.
　공자의 유해는 노성 북쪽에 있는 사수가에 묻혔다. 묘소 주변에는 소나무를 심었다.
　제자들은 산소 옆에 움막*을 짓고 3년 동안 묘를 지켰고, 자공은 3년을 더하여 6년 동안 묘 곁에서 살았다.
　제자들뿐만 아니라 다른 사람들도 오두막을 짓고 살며 한 마을을 이루었다. 사람들은 마을 이름을 '공리'라고 불렀다.
　공자는 일흔두 살로 세상을 떠날 때까지 많은 어려움을

움막

나무 등걸이의 뿌리나 풀의 뿌리로 지은 집. 별도의 벽체 시설이 없이 서까래가 바로 땅에 닿은 집으로, 임시로 거주할 때 쓰인다.

선사 시대의 움집

헤쳐 나가며 자기의 뜻을 펴기 위해 노력했다. 많은 제자를 가르쳤으며 유명한 글을 정리하여 책으로 남겼다.

공자가 가르친 법도를 유교라고 한다. 유교는 2천 5백여 년의 긴 역사 속에서 중국뿐만 아니라 다른 여러 나라에도 큰 영향을 끼쳤다.

우리나라의 문화와 생활에도 유교의 정신이 배어들었다.

공자는 오늘의 시점에서 보면 언행에 있어 문제점이 많다고 할 수 있다.

그러나 귀족들의 독점물이던 학문을 사숙을 만들어 민중들도 배울 수 있는 기회를 만든 일은 위대한 공헌이다. 그리하여 다음 시대인 전국 시대에 '제자백가'라는 사상가들이 활동할 수 있는 길을 개척한 것이다.

공자는 학자요, 사상가요, 정치가일 뿐 아니라 위대한 교육가이기도 했다.

공자의 생애

공자는 여러 나라가 서로 다투던 춘추 시대에 태어나 재상까지 지낸 인물이다. 나라를 다스리는 데 법령이나 규제에 의한 엄한 통치보다 도덕이나 예의에 의한 이상적인 통치 방식을 내세웠다. 유교의 사상적 체계를 마련하며 제자들을 가르치는 한편, <시경>, <서경>, <역경>, <춘추> 등의 책을 편찬했다.

공자
(孔子 B.C.552~B.C.479)

기원전 552년
노나라의 추읍에서 하급 무사였던 아버지 숙량흘과 어머니 안징재와의 사이에서 태어났다. 이름은 '구', 자는 '중니'였다. 세 살 때 아버지가 돌아가시자 창고지기와 목부 노릇을 하면서 스승도 없이 공부를 했다.

기원전 536년
학문에 뜻을 두고 본격적으로 공부를 시작했다. 기원전 523년에는 주나라의 노자에게 고대의 관제에 대해서 가르침을 받았다.

기원전 521년
관리로서 지위도 높아지고 학문도 상당한 수준에 올랐다. 공자는 어려운 시대를 다스리려면 주나라 초기의 제도로 돌아가야 한다고 생각했다. 정치를 하는 사람은 덕이 있어야 하고 규제보다는 도덕이나 예의에 의한 교화가 이상적인 통치 방식이라고 했다.

기원전 517년
제나라 군주에게 여러 가지 도덕을 강의하고 노나라로 돌아와 사숙을 만들어 제자들을 본격적으로 가르쳤다.

기원전 498년
노나라의 재상이 되어 제나라와의 강화 회의에 참석하여 노나라에 유리한 강화를 맺기도 했다.

기원전 496년
정치와 이상을 함께 펼칠 군주를 찾아 여행길에 올랐으나 자기를 알아 주고 받아 주는 이가 없었다. 결국 고향에 돌아와 교육가로 새 출발을 했다. 많은 제자들을 가르치면서 <시경>과 <서경>을 편찬하여 '예'와 '악'을 제정했고, <역경>을 쉽게 풀이했으며 <춘추>를 펴냈다.

기원전 479년
많은 제자가 지켜보는 가운데 일흔두 살의 나이로 조용히 숨을 거두었다. 그가 죽은 후 맹자에 의해 성인이라 칭송되었다.